BEI GRIN MACHT SICH IHR WISSEN BEZAHLT

- Wir veröffentlichen Ihre Hausarbeit,
  Bachelor- und Masterarbeit

- Ihr eigenes eBook und Buch -
  weltweit in allen wichtigen Shops

- Verdienen Sie an jedem Verkauf

Jetzt bei www.GRIN.com hochladen
und kostenlos publizieren

Sokratische Gesprächsführung, Empowerment und der lösungsorientierte Beratungsansatz

Vivien Albers

Bibliografische Information der Deutschen Nationalbibliothek:

Die Deutsche Nationalbibliothek verzeichnet diese Publikation in der Deutschen Nationalbibliografie; detaillierte bibliografische Daten sind im Internet über http://dnb.d-nb.de abrufbar.

ISBN: 9783346774194
Dieses Buch ist auch als E-Book erhältlich.

Druck und Bindung: Books on Demand GmbH, Norderstedt Germany
Gedruckt auf säurefreiem Papier aus verantwortungsvollen Quellen

Das vorliegende Werk wurde sorgfältig erarbeitet. Dennoch übernehmen Autoren und Verlag für die Richtigkeit von Angaben, Hinweisen, Links und Ratschlägen sowie eventuelle Druckfehler keine Haftung.

Das Buch bei GRIN: https://www.grin.com/document/1282486

Inhaltsverzeichnis

Abkürzungsverzeichnis

Abb.	=	Abbildung
BFTC	=	Brief Family Therapy Center
bspw.	=	beispielsweise
BZgA	=	Bundeszentrale für gesundheitliche Aufklärung
engl.	=	englisch
etc.	=	et cetera
Hrsg.	=	Herausgeber/Innen
sog.	=	sogenannte(n)
Tab.	=	Tabelle
u.a.	=	unter anderem
WHO	=	World Health Organization
z.B.	=	zum Beispiel

Abbildungsverzeichnis

Tabellenverzeichnis

1. Die psychotherapeutisch-sokratische Gesprächsführung

1.1. Definition, Merkmale und Wirkung

Ein Sokratisches Gespräch ist ursprünglich eine philosophische Diskursmethode, die zum Reflektieren, Selbstbesinnen und Überprüfen eigener Normen und Vorurteile anleiten soll und eigenverantwortliches Denken fördern will (Stavemann, 2022, S. 231). Sie ist oft dann indiziert, wenn es um komplexere Themen geht, um philosophische, ethische Fragen und hilft dabei, starre Denkmuster zu lockern (Hellwig, 2020, S. 110-111). Ein Gespräch ist immer dann sokratisch, wenn es den Teilnehmern dazu verhilft, den Weg von konkreten Erfahrungen zur allgemeinen Einsicht eigenständig selbst zu gehen (Lutschewitz, 2020, S. 31). Nach Stavemann (2007, S. 73) finden sich in der Literatur zwei Hauptvarianten vom Verständnis der sokratischen Gesprächsführung. Zum einen wird der Begriff als Disputmethode oder Fragetechnik im Prozess der kognitiven Umstrukturierung verstanden und zum anderen wird damit ein spezieller, strukturierter Gesprächsstil beschrieben, der die eigenverantwortliche, individuelle Bestimmung von Zielen, Moral- und Wertvorstellungen fördert.

In klinischen Kontexten dient die sokratische Gesprächsführung als Technik, bei der Patienten angeleitet werden, eigenständig die eigenen Einstellungen und automatischen Attributionen zu hinterfragen, Ungereimtheiten, Mängel oder Widersprüche im eigenen Denken zu erkennen und zu modifizieren. Der Therapeut nimmt dabei eine nichtwissende, naiv fragende, um Verständnis des Patienten bemühte, zugewandte, akzeptierende Haltung ein (Hanisch, 2020, S. 141). Je nach Art der vorliegenden Fragestellung werden hierzu verschiedene Methoden sokratische Gesprächsführung gewählt (Stavemann, 2007, S. 82). Explikative sokratische Dialoge dienen der Beantwortung der

„Was-ist-das?"-Frage. Dabei geht es darum, dass Patienten Wertbegriffe definieren. Normative Dialoge dienen der Beantwortung der „Darf-ich-das?"-Frage und beschäftigt sich mit dem Abgleich eigenen Verhaltens oder des Handelns anderer mit den für die eigene Person geltenden Normen und Werten. Der funktionale sokratische Dialog dient der Beantwortung der „Soll-ich-das?"-Frage und prüft, ob die eigene Sichtweise, das Denken und Handeln zielführend ist (Stavemann, 2022, S. 231-233). Je nach Wahl der sokratischen Gesprächsmethode werden sieben verschiedene Phasen während des Dialogs durchlaufen. Diese sind in Tab. 1 aufgelistet. Anhand eines Beispiels sollen im Folgenden exemplarisch die Phasen explikativer sokratischer Dialoge, zum Klären der „Was-ist-das?"-Fragen, beschrieben werden.

	Explikativer sokratischer Dialog	Normativer sokratischer Dialog	Funktionaler sokratischer Dialog
Phasen	1. Auswahl des Themas	1. Auswahl des Themas	1. Auswahl des Themas
	2. Was ist das? Erster Definitionsversuch der Klienten	2. Konkretisierung der Frage und Herstellen des Alltagsbezugs	2. Konkretisieren der Frage und Herstellen des Alltagsbezugs
	3. Konkretisieren des Themas und Herstellen des Alltagsbezugs	3. Sammeln der moralischen Instanzen, die durch diese Entscheidung oder Handlung tangiert sind	3. Sammeln der positiven und negativen Aspekte einer Entscheidung oder Handlung
	4. ggf. weiteres Konkretisieren oder Umformulieren des Themas	4. Zusammenfassen der tangierten moralischen Instanzen und Prüfen	4. Zusammenfassen positiver und negativer
	5. Prüfen		

6. Neuorientieren: gemeinsame Suche nach einer alternativen, zielführenden Definition und einem adäquaten, widerspruchsfreien Modell	ihrer Entscheidungsrelevanz	Aspekte und Prüfen ihrer Entscheidungsrelevanz
	5. Suche nach eventuellen weiteren moralischen Instanzen	5. Suche nach eventuellen weiteren Aspekten
7. Ergebnis des Dialogs	6. Gewichten und Abwägen der tangierten Werte und Normen	6. Gewichten und Abwägen der gefundenen Aspekten
	7. Entscheiden	7. Entscheiden

Tab. 1: Phasen verschiedener sokratischer Gesprächsmethoden

(Quelle: Eigene Darstellung)

In der ersten Phase des explikativen sokratischen Dialogs wird auf ein Thema oder eine Frage näher eingegangen, z.B. auf die Aussage „Ich bin ein Versager". In der zweiten Phase formuliert der Therapeut eine „Was-ist-das"-Frage. Der Patient soll dazu eine erste Definition versuchen. So kann die Frage z.B. lauten: „Was ist ein Versager?". Der Patient antwortet mit Beispielen und Eigenschaftsaufzählungen. In der dritten Phase bittet der Therapeut den Patienten um Alltagsbeispiele zu der in Phase zwei aufgestellten Definition und lässt sich daran den Zusammenhang erklären. So kann der Therapeut bspw. die Frage formulieren „Wie kommen sie darauf, dass sie ein Versager sind?". Der Patient begründet diese Frage z.B. damit, dass seine Frau ihn betrogen hat. Falls sich die untersuchte Frage als unkonkret, pauschal oder klärungsbedürftig erweist wird im vierten Schritt entweder durch Aufspalten in Subthemen oder durch Neuformulieren der alten Frage (zurück zu Phase zwei) konkretisiert. Im fünften Schritt wird das Thema oder die Frage geprüft. Der Therapeut ist bemüht, aus der Position eines naiv Fragenden das Modell des Patienten zu verstehen. Durch die Art der Fragen wird darauf abgezielt, eventuelle Widersprüche oder Unvereinbarkeiten mit der Realität zu prüfen. Findet der Patient Irrationalitäten und Widersprüche in seinem eigenen Modell, wird es für sie unglaubwürdig und sie geraten in einen Zustand innerer Verwirrung. Dadurch wird ihre Bereitschaft zum Neuorientieren gestärkt. Fragen können lauten: „Meinen Sie, ihre Frau konnte nicht anders?", „Sie musste sie betrügen, weil Sie so sind?" „Sie meinen also Sie sind sowohl Schuld daran wie sich ihre Frau verhält, als auch daran wie Sie sich verhalten?". Der Patient wird erkennen, dass es unsinnig ist, mit zwei verschiedenen Maßstäben für dieselbe Sache zu leben und dass er nur für das verantwortlich sein kann, was in seiner Macht steht. In der sechsten Phase erfolgt anhand konkreter Beispiele die gemeinsame Suche nach der individuell wahren Lösung für die untersuchte Fragestellung. Dies geschieht mithilfe von Prüf- und Fragetechniken. Der Therapeut hat hier verschiedene Ansatzmöglichkeiten für seinen explikativen Dialog. So könnte er den Patienten z.B. prüfen lassen, ob ein derart pauschales Urteil angemessen ist. In der letzten Phase formuliert der Patient seine neue persönliche Wahrheit oder Einsicht im Einklang mit ihren individuellen Werten und Zielen. Diese neue Sichtweise vermeidet unangemessene emotionale Turbulenzen. So kann das Ergebnis des Dialogs lauten: „Man kann nur für das verantwortlich sein, was in der eigenen Macht steht. Was meine Frau entscheidet zu tun, steht nicht in meiner Macht. Aber ich kann entscheiden, wie ich mit dieser Situation umgehen will." (Stavemann, 2022, S. 234-235).

Aufgrund der naiv fragenden und akzeptierenden Haltung des Therapeuten wirkt die sokratische Gesprächsführung besonders widerstandreduzierend. Die Patienten haben die Möglichkeit ihre dysfunktionalen Denkmuster selbst zu erkennen, zu widerlegen und zu modifizieren. Dysfunktionale Denkmuster sind abstrakte, übergeordnete Überzeugung, welche die in Alltagssituationen

11

beobachteten, sog. automatischen Gedanken bestimmen. Bei emotionalen Problemen beinhalten sie z.B. absolutistische Forderungen, globale Bewertungen, Katastrophendenken oder niedrige Frustrationstoleranz (Hanisch, 2020, S. 141). Wenn der Therapeut erreicht, dass seine Patienten neue Erkenntnisse und Gedanken als eigene Leistungen attribuieren, wirkt sich dies positiv auf ihr Selbstvertrauen und Selbsteffizienzerwartung aus. Zudem bewirkt diese Gesprächsmethode eine Förderung der Eigenverantwortlichkeit, eine Stärkung selbstständigen Denkens und eine geringere Manipulierbarkeit durch andere (Stavemann, 2022, S. 239). Diverse sozialpsychologische Untersuchungen haben gezeigt, dass die sokratische Methode besonders deutliche, nachhaltige und veränderungsresistente Umstrukturierung bewirkt (Stavemann, 2022, S. 239). Auch in nicht-klinischen Kontexten wird diese Technik angewendet. Aufgrund der Förderung der Eigenverantwortlichkeit ist sie bspw. auch in das Coaching integrierbar.

1.2. Einfluss auf Resilienz und Stressoren

Um den Einfluss sokratischer Gesprächsführung auf die Resilienz eines Individuums und auf Stressoren zu verstehen, ist zunächst eine Definition dieser beiden Begriffe notwendig. Der Begriff Resilienz leitet sich auf dem Englischen „resilience" ab und bedeutet Spannkraft, Widerstandsfähigkeit und Elastizität. Damit ist die Fähigkeit gemeint, erfolgreich mit belastenden Lebensumständen und negativen Stressfolgen umgehen zu können (Fröhlich-Gildhoff & Rönnau-Böse, 2019, S. 9). Resilient zu sein bedeutet, über persönliche Bewältigungskompetenzen zu verfügen und sich selbst achtsam steuern zu können. Persönliche Resilienz entsteht in einem komplexen Zusammenspiel zwischen

Anpassungsprozessen unter Nutzung von Schutzfaktoren einerseits und Fehlanpassungen mit entsprechenden Risikofaktoren andererseits. Risiko- und Schutzfaktoren können in der Person selbst begründet oder auf ihr Umfeld bezogen sein. Während Schutzfaktoren resilienzfördernd wirken, erzeugen Risikofaktoren beim Individuum Belastungen und Stress (Abb. 1). Zu den personenbezogenen Schutzfaktoren gehören u.a. Eigenständigkeit, gute Selbstwahrnehmung und Selbstkontrolle, hohe Selbstwirksamkeitserwartungen, effektives Stressmanagement, Problemlösestrategien und erlebte Sinnhaftigkeit (Rolfe, 2019, S. 105-107).

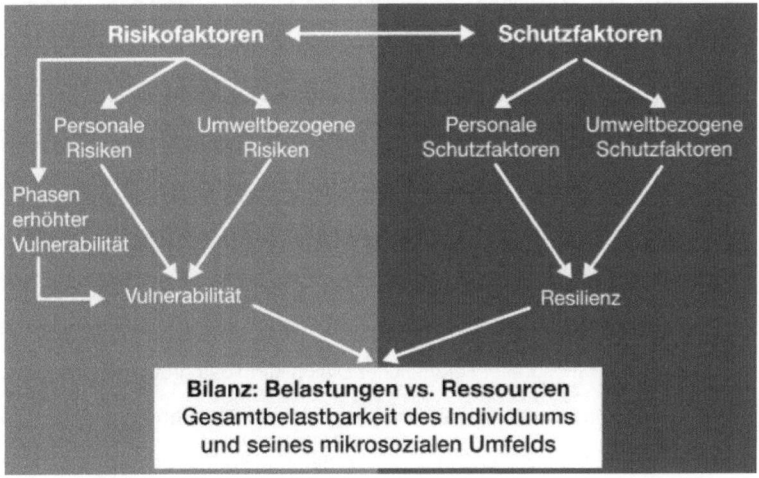

Abb. 1: Interaktionales Risiko-Schutz-Faktorenmodell

(Quelle: Rolfe, 2019, S. 106)

Stress ist eine Anpassungsreaktion des Organismus, die auftritt, wenn die Anforderungen der Umwelt unsere Bewältigungsmöglichkeiten übersteigen. Das Ziel der Anpassungsreaktion besteht darin, die Homöostase zwischen Person und Umwelt wiederherzustellen. Stress beschreibt die körperliche und psychische Reaktion auf den Stressor. Ein Stressor ist damit ein Reiz, der zu einer Stressreaktion führt. Stressoren können aus der Umwelt stammen oder innerhalb der Person liegen und von physischer sowie psychischer Natur sein (Rothgangel, Schüler & Dietz, 2010, S. 21). In diesem Zusammenhang hilft eine ausgeprägte Resilienz, auf Stressoren wie kritische Lebensereignisse, Zeitdruck, Krankheit, Kälte, Lärm, Schlafmangel, etc. ohne Einbußen der psychischen Gesundheit zu reagieren.

Der Umgang mit einem Stressor wurde von Lazarus und Folkman (1984) als „Coping" bezeichnet. Die persönliche Resilienz einer Person hängt u.a. von einer angemessenen, zur Person und Situation passenden Copingstrategie ab. Resiliente Menschen zeichnen sich durch einen dynamischen Copingstil aus. Sie können unterschiedliche Bewältigungsstrategien passend auswählen und umsetzen. Die sokratische Gesprächsführung kann durch die reflektive Gesprächshaltung helfen, eigene Copingstrategien zu identifizieren und zu erweitern. So kann mithilfe des explikativen sokratischen Dialogs das Bedeutungsfokussierte Coping gefördert werden, indem Sinn hergestellt wird, Herausforderungen positiv interpretiert werden und somit Vertrauen geschafft wird. Ein funktionaler sokratischer Dialog kann das problemfokussierte Coping stärken, indem Situationen analysiert werden, Themen systematisch, pragmatisch und tatkräftig angegangen werden und so Kompetenz gestärkt wird. Auf diese Weise wird auch die Selbstwirksamkeit gefördert. Der normative Dialog hilft, das beziehungsfokussierte Coping zu steigern. So kann bspw. gelernt werden, um Unterstützung zu bitten und soziale Kompetenzen gefördert werden (Rolfe, 2019, S. 108). Auch das emotionsfokussierte Coping kann durch die sokratische Gesprächsführung aufgebaut werden, indem durch Strategien wie sich selbst aufzumuntern, zu beruhigen und Sport zu treiben ein Erhöhen des Selbstwertgefühls und einer Umstrukturierung negativer Kognitionen erreicht wird. Durch das geleitete, strukturierte Reflektieren und das Erkennen sowie die Umstrukturierung dysfunktionaler Denkmuster hilft die sokratische Gesprächsführung, die Selbstbestimmtheit und somit das Selbstvertrauen sowie die Selbstwirksamkeitserwartung eines Individuums zu stärken. Zudem kann sie helfen, den Bewertungsstil bzw. den Stressreaktionsstil eines Individuums zu verändern. So kann eine neue Definition von Begriffen, Sinnfragen und Lebenszielen im Sinne eines sokratischen Dialogs helfen, Positives, Chancen und Vorteile zu suchen, um das eigene Belohnungssystem zu aktivieren. Durch die Förderung dieser Schutzfaktoren, wird ebenso die Resilienz des Individuums gestärkt (Rolfe, 2019, S. 116). Ein sokratischer Dialog ist dann erfolgreich, wenn die bisherigen emotionalen Turbulenzen oder sonstigen unerwünschten Konsequenzen der alten Perspektive ausbleiben und die Patienten, zufrieden mit sich selbst, zu wichtigen Ergebnissen und neuen Erkenntnissen gelangen (Stavemann, 2007, S. 238). Insgesamt lässt sich festhalten, dass die sokratische Gesprächsführung helfen kann, die Schutzfaktoren eines Individuums zu fördern und somit seine Resilienz zu erhöhen. Gleichzeitig kann sie helfen Stressoren, die zuvor als unvorhersehbar und unkontrollierbar definiert wurden, differenziert zu bewerten. Mit einer erhöhten Resilienz und einer Neubewertung von Lebensereignissen und -situationen wird dem Patienten geholfen, ohne Beeinträchtigung der psychischen Gesundheit, auf Stressoren zu reagieren und diese zu bewältigen.

1.3. Einsatz in Beratungssituationen

Die sokratische Gesprächsführung sollte insbesondere dann angewendet werden, wenn dysfunktionale Gedanken identifiziert, geprüft, widerlegt und ersetzt werden sollen. Grundsätzlich wird die sokratische Gesprächsführung sowohl in verschiedenen psychoanalytischen, tiefen- und individualpsychologischen Schulen als auch bei Gesprächs- und kognitiven (Verhaltens-) Therapien angewendet. Besonders in humanistischen Therapieformen findet die sokratische Gesprächsführung Anwendung, z.b. in der rational-emotiven Therapie (Ellis, 1973) oder in kognitiven Verhaltenstherapien bei der Bearbeitung irrationaler Kognitionen. Der Einsatz findet u.a. bei Depression, Panik, Schizophrenie, Posttraumatischen Belastungsstörungen und Partnerschaftsproblemen statt (Stavemann, 2007, S. 74). Ebenso nutzen Berater und Seelsorger diese Methode, um ihren Patienten und Klienten wichtige Grundlagen einer psychisch gesunden Lebensweise zu vermitteln (Stavemann, 2007, S. 97). Explikative sokratische Dialoge werden z.b. bei Kommunikationsstörung von Paaren oder Gruppen, bei Klienten mit negativen Begriffserklärungen und bei der Definition von Sinnfragen und Lebenszielen von depressiven Patienten eingesetzt. Normative sokratische Dialoge sind sowohl für Einzel- als auch für Paar, Familien- und Gruppentherapien von besonderer Bedeutung, wenn dort ethnisch-moralische Fragestellungen untersucht werden. Funktionale sokratische Dialoge werden eingesetzt, um Zielkonflikte aufzulösen, die Funktionalität eigener Einstellung oder Handlung zu prüfen sowie Vermeidungsverhalten und Rationalisierungen zu entlarven. Eine sokratische Gesprächsführung sollte nur dann indiziert werden, wenn Klienten eigenes Denken erfassen, beschreiben oder reflektieren können, zur Mitarbeit bereit sind, Denkweisen, Normen und Ziele offenbaren wollen und zur eigenen Veränderung bereit sind (Stavemann, 2007, S. 86-104). Aktuell gewinnt die sokratische Gesprächsführung für eine Vielfalt neuer Praxisfelder an Bedeutung, wie z.B. in der Beratung von Organisationen und in der Aus- und Weiterbildung von Mitarbeitern (Lutschewitz, 2020, S. 32).

2. Konzept des Empowerments

2.1. Bedeutung in der Gesundheitsförderung

Seit der Veröffentlichung der Alma-Ata Erklärung (1978) und der darauffolgenden Ottawa Charta stellt Empowerment das zentrale Elemente der World-Health-Organisation (WHO)-Vision von Theorie und Praxis der Gesundheitsförderung dar (Lindacher, 2016, S. 3). Die Ottawa Charta wurde auf der ersten Internationalen Konferenz zur Gesundheitsförderung im Jahre 1986 in Ottawa als Charta für Maßnahmen zur Erreichung von Gesundheit für alle vorgestellt. Sie bildet die Grundlage für Modelle, die Maßnahmen in allen Bereichen der öffentlichen Gesundheit fördern (Flynn, 2015, S. 305). Gesundheitsförderung zielt auf einen Prozess, allen Menschen ein höheres Maß an Selbstbestimmung über ihre Gesundheit zu ermöglichen und sie damit zur Stärkung ihrer Gesundheit zu befähigen (WHO, 1986). Dabei lassen sich vier Handlungsebenen der Gesundheitsförderung herausfiltern: die politische Handlungsebene, die Gemeinschaft als Handlungsebene, das Gesundheitssystem als Handlungsebene und die Kompetenz des Einzelnen als Handlungsebene. Für Letzteres wird Empowerment als zentraler Ansatz postuliert.

2.2. Definition und Kompetenzebenen

Das Empowerment-Konzept stammt aus der amerikanischen Gemeindepsychologie. Allgemein bedeutet Empowerment (engl.: Befähigung, Ermächtigung) selbstbestimmtes und eigenverantwortliches Handeln. Feste und Anderson (1995, S. 139) definieren Empowerment im Gesundheitsbereich als

Bildungsprozess, der Patienten helfen soll, das Wissen, die Fähigkeiten, die Einstellungen und das Maß an Selbstbewusstsein zu entwickeln, um effektiv die Verantwortung für ihre gesundheitsbezogenen Entscheidungen zu übernehmen. Es kann sich dabei um einen sozialen, kulturellen, psychologischen oder politischen Prozess handeln, durch den Einzelpersonen und Personengruppen befähigt werden, ihre Bedürfnisse und Anliegen zum Ausdruck zu bringen, Strategien für die Beteiligung an der Entscheidungsfindung zu entwickeln und politische, soziale und kulturelle Maßnahmen zur Erfüllung dieser Bedürfnisse zu erreichen (Kirch, 2008). Demnach bezieht sich Empowerment sich auf eine Stärkung von Autonomie und Selbstbestimmung. Gesundheitsförderung bedeutet in diesem Zusammenhang vor allem die Hilfe zur Selbsthilfe. Die Mündigkeit des Ratsuchenden wird nicht nur anerkannt, sondern auch gestärkt (Domsch & Lohaus, 2009, S. 161). Heute ist Empowerment nicht nur in der Gesundheitsförderung, sondern auch in der Selbsthilfe, in der Psychiatrie, in der Jugendhilfe und in der modernen Organisationsentwicklung ein einflussreiches Konzept (Brandes & Stark, 2018, S. 63).

Durch den Empowerment-Ansatz sollen Personen dazu ermutigt werden, ihre eigenen personalen und sozialen Ressourcen sowie Fähigkeiten zur Beteiligung zu nutzen, um Kontrolle über die Gestaltung der eigenen sozialen Lebenswelt zu erobern, um so selbst die Kontrolle über Determinanten von Gesundheit zu erhöhen und die eigene Gesundheit zu verbessern. Der Empowerment Ansatz kombiniert somit persönliche Kontrolle mit einer sozialen und kollektiven Handlungskomponente, sodass Empowerment auch oftmals als persönliche und soziale Gesundheitskompetenz bezeichnet wird (Lindacher, 2016, S. 2-4). Somit zielt der Ansatz auf die Förderung der Selbstkompetenz bzw. der Persönlichen Kompetenz sowie der sozialen Kompetenz und somit der Gesundheitskompetenz ab. Als Gesundheitskompetenz wird nach Abel & Bruhin (2003, S. 129), die wissensbasierte Kompetenz für eine

gesundheitsförderliche Lebensführung, bezeichnet. Unter dem Begriff Selbstkompetenz können bspw. Fähigkeiten wie die Problem- und Bedürfniserken-
nung, Handlungsfähigkeit, Kohärenzerleben, Problemlösestrategien, Selbstwirksamkeitserwartung, Kontrollüberzeugung, etc. gefasst werden. Soziale
Kompetenzen umfassen in diesem Zusammenhang z.B. das Bedürfnis nach
Erfahrungsaustausch, das Bedürfnis nach Weitergabe von Gelernten und die
Vergrößerung des sozialen Netzwerks (Abb. 2).

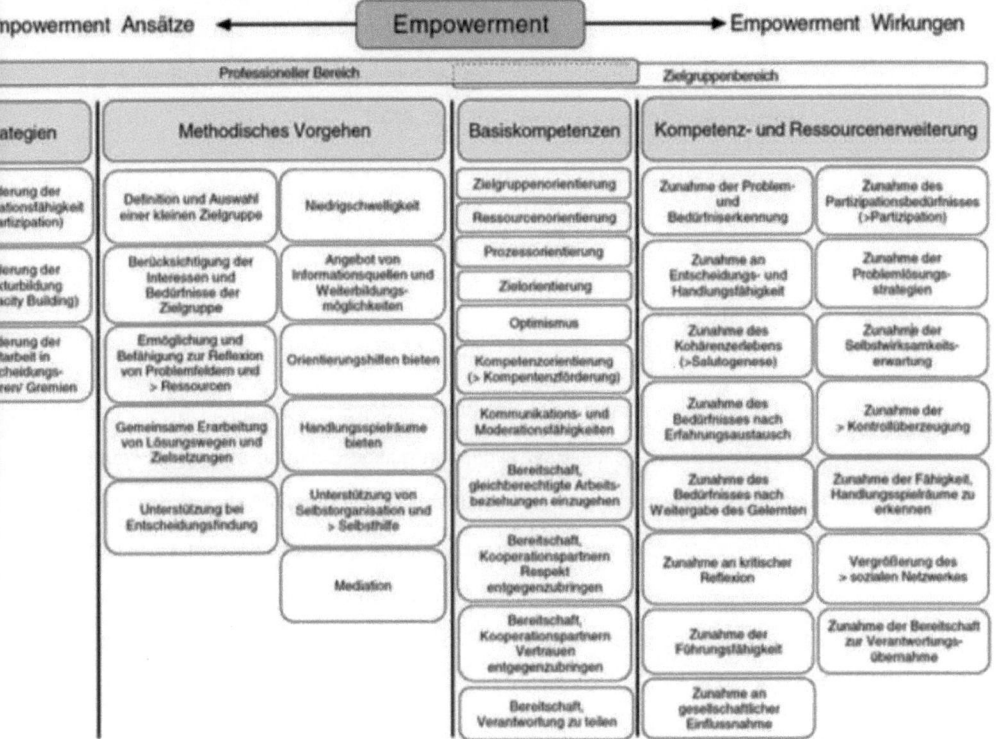

Abb. 2: Empowerment Ansätze und Wirkung

(Quelle: Brandes & Reker, 2009)

Eine Kritik, die im Hinblick auf den Empowerment Begriff geäußert wird, ist
seine unbestimmte und uneinheitlich Konzeption. Empowerment ist ein offener
Begriff, der sich mit unterschiedlichen Inhalten füllen lässt und über zahlreiche

Definitionen verfügt. Auch eine Operationalisierung des Begriffs hat sich als schwierig erwiesen. Dadurch entstehen Verständnisprobleme, die Fehlentwicklungen begünstigen können. Andererseits ermöglicht die Offenheit des Begriffs die Übertragung des Ansatzes in nahezu alle Arbeitsbereiche (Hoppe, 2012, S. 73). Inzwischen existieren jedoch einige Versuche, das Konzept des Empowerments zu schärfen und von benachbarten Konzepten abzugrenzen. Durch Offenlegung der verschiedenen Verständnisse und Dimensionen soll das Konzept einer zielgerichteten Umsetzung und Evaluation zugänglich gemacht werden (Brandes & Stark, 2018, S. 65)

2.3. Kriterien

Es gibt zahlreiche Ansätze, wie das Konzept des Empowerments in der Praxis umgesetzt werden sollte. Eine allgemein gültige Einigung auf grundlegende Methoden des Ansatzes existiert jedoch nicht. Exemplarisch soll daher auf Vorschläge von Skinner und Cradock (2000) eingegangen werden, die ausgehend von einer Beratung bei Personen, die an Diabetes erkrankt sind, fünf zentrale Eigenschaften dieses Beratungsansatzes herausstellen (Domsch & Lohaus, 2009, S. 161). Diese sollen durch Praxisbeispiele ergänzt werden.

Akzeptanz: Da der Patient bestimmt, welchen Weg er gehen möchte, spielt Akzeptanz eine entscheidende Rolle. Dies impliziert eine positive Sichtweise des Patienten und seiner Eigenschaften, Wünsche und Entscheidungen. So kann ein Patient mit Diabetes den Rat seines Arztes ablehnen und seine Lebensweise bedingt verändern. Diese Entscheidung ist vom Arzt oder Gesundheitsberater zu akzeptieren. Dieser hat dann die Aufgabe, mit dem Klienten an dessen individuelle Ziele zu arbeiten. Mit dieser Grundhaltung der Akzeptanz ist eine Situation geschaffen, in der Patient mit einer höheren Wahrscheinlichkeit den Berater zu einem Zeitpunkt erneut aufsucht, zu dem er bereit ist, seine Lebensweise zu verändern (Domsch & Lohaus, 2009, S. 161).

Ansprechen der Emotion: Emotionen, die der Patient bei seiner Krankheit empfinden, sollten angesprochen werden. Dieser Punkt mag vor allem bei der Beratung und Behandlung von chronisch kranken Patienten von Bedeutung sein, da die jeweilige Erkrankung oft sehr entscheidende Konsequenzen mit sich bringt (Domsch & Lohaus, 2009, S. 161). Dies kann im Gespräch zwischen Patient und Arzt oder Berater geschehen und zusätzlich auch über die Bildung einer Community erreicht werden. Im direkten Gespräch helfen Schulungen für Gesundheitsmitarbeiter sowie das Hinzunehmen einer weiteren Instanz, im Sinne einer multimodalen Behandlungsoptionen. Ärzte und Psychologen, aber auch Sozialarbeiter, Ernährungsberater, Suchtberater, etc. arbeiten dabei zusammen. Die Bildung eines Netzwerks für Patienten bietet Austausch für Patenten untereinander. Dies kann über Gruppen in sozialen Netzwerken, Foren oder das Angebot von persönliche Gruppentreffen geschehen.

Autonomie: Dem Klienten sollte möglichst viel Autonomie übertragen werden, sodass er am Beratungs- und Entscheidungsfindung partizipiert ist. Die Aufgabe des Beraters ist es dabei, die adäquaten Informationen zu liefern, um eine Partizipation überhaupt erst zu ermöglichen. Der Umgang mit Patienten, die ein hohes Maß an Information und Kooperation erwarten, ist nicht für alle Mitarbeiter selbstverständlich. Auch seitens der Mitarbeiter müssen bestimmte Voraussetzungen gegeben sein (Domsch & Lohaus, 2009, S. 162). Das Kooperationsprojekt „Kleeblatt" bietet bspw. psychisch auffälligen Kindern Hilfe an, ihre persönliche, familiäre und soziale Ressourcen, welche oft geringer ausgeprägt sind, zu stärken. Den Kindern fehlen häufig Alltagskompetenzen wie regelmäßiges Waschen, gemeinsames Essen, aber auch Fähigkeiten sich auszudrücken, ihre Bedürfnisse zu äußern, etc. Im Projekt werden, orientiert am jeweiligen Entwicklungsstand des einzelnen Kindes, z.B. über Rituale beim Ankommen am Morgen alltägliche Aufgaben wie Frühstücken und Händewaschen, sowie das Zubereiten einer gesunden, vollwertigen Mahlzeit geübt. Die Kinder lernen dabei, Alltagsfertigkeiten zeitgleich auch im häuslichen Umfeld oder in der Freizeit eigenverantwortlich und selbstbestimmt umzusetzen. Die schulische Integration in die allgemein bildende Schule und die Reintegration in das Wohnumfeld sind die primären Ziele des Projektes (BZgA, 2009).

Zusammenarbeit und Partizipation bei Entscheidungen: Berater oder Arzt und Patient sollten in einer Allianz zusammenarbeiten. Historisch gesehen haben Patienten und Mitarbeiter im Gesundheitswesen eine paternalistische Beziehung, in der der Patient eher Zuschauer in seinem eigenen Heilungsprozess ist. Im heutigen Verständnis der Patientenversorgung ist der Patient Schlüsselfigur. Diese neue Rolle des Patienten ist inzwischen in vielen grundlegenden Dokumenten hinterlegt, z.B. im Gesetz zur Verbesserung der Rechte von Patienten der Bundesregierung aus dem Jahr 2013 (Reichardt & Gastmeier, 2013, S. 157). Der Umgang des Personals mit Patienten-Empowerment kann durch Schulungen nachhaltig verbessert werden. Nur in einer Kultur, in der eine aktive Mitarbeit des Patienten offen beworben wird, kann diese erfolgreich umgesetzt werden (Reichardt & Gastmeier 2013, S. 159). Im „Mpowerment Project" zur HIV-Prävention von jungen bisexuellen und schwulen Männern, wird bspw. ein hohes Maß an Partizipation erreicht, indem die Männer die Aktivitäten und Interventionen rund um das Thema HIV-Prävention weitgehend selbstständig planen und durchführen. Die Projektverantwortlichen beschränken sich lediglich darauf, die dafür benötigten Strukturen und Ressourcen bereitzustellen. Durch die Ausstattung mit Entscheidungskompetenzen sowie durch die Einbindung in professionelle Netzwerke und entsprechende Aktivitäten, erhalten junge Menschen die Möglichkeit der

(Mit)Gestaltung von Maßnahmen und Rahmenbedingungen, die für sie von Bedeutung sind (Kraschl, Drewes & Kleiber, 2010, S. 158).

Aktivität: Ein gewisses Ausmaß an Aktivität sollte nicht nur vom Patienten, der aktiv am Entscheidungsprozess beteiligt ist, sondern auch von Seiten des Beraters ausgehen. Diesem kommt neben der Informationsweiterabe auch die Rolle des aktiven Zuhörers zu, der die allgemeine Gesprächsführungsregeln einhält (Domsch & Lohaus, 2009, S. 162). Um die Gesprächsqualität in der Krankheitsversorgung zu verbessern und dadurch verbesserte medizinische Outcomes zu bewirken, sollten Patienten und ggf. Angehörige dazu ermutigt werden, Fragen zu ihrer Erkrankung, Behandlung und zum eigenen Krankheitsmanagement zu in Gesprächen mit Gesundheits- und Verwaltungspersonal zu stellen. Zur Umsetzung dieser Maßnahme können z.B. Informationskampagnen zur Aktivierung von Fragen seitens der Patienten entwickelt und implementiert werden. Ein Praxisbeispiel ist hierfür das Projekt „My May" des trägerübergreifende Projekts „Gesundheitskompetenz und Gesprächsqualität" der Wiener Allianz für Gesundheitsförderung in Gesundheitseinrichtungen. Bei diesem bekommen stationäre Patienten täglich eine sog. Visitenkarte ausgehändigt, auf der alle möglichen Fragen für die Visite notiert werden können, die dem Patienten einfallen. Bei der Visite wird diese Karte aktiv angesprochen, und die Fragen darauf werden geklärt. Die Sensibilisierung für die Anregung von Fragen seitens Patienten erfolgt zudem durch Aufklärungsarbeit. Hierfür bieten sich Medien wie Informationen auf Websites, Plakate, Hand- und Notizzettel, Karten, Broschüren, Einblendungen im Wartezimmer, Videos und Apps an (Metzler, Nowak & Sator, 2019, S. 4).

3. Lösungsorientierter Beratungsansatz

3.1. Definition

In den Jahren 1980-1990 stellte die lösungsorientierte Beratung viele Annahmen früherer Theorien und Modelle infrage. Diese hatten zuvor betont, dass echte Veränderung nur möglich sei, wenn der Klient die wahre Natur seines Problems vollkommen versteht. Eng verbunden damit ist die Annahme, dass Symptome auf Probleme hinweisen und dass jedes Problem eine tiefe, bedrohliche und unterschwellige Ursache hat (Ertelt & Schulz, 2019, S. 141). Bei der lösungsorientierten Beratung steht dagegen, nicht die Problemanalyse im Vordergrund, sondern der Prozess der zielstrebigen Lösungsfindung. Interventionen, die zu einer Lösung führen, müssen nicht zwangsläufig etwas mit den Ursachen des Problems zusammenhängen. Probleme können komplex und vielschichtig sein, eine lange Historie haben und schwerwiegend sein. Die Interventionen, die zu einer Lösung führen, müssen es dagegen nicht sein. Mitbegründer Steve de Shazer (1985) nutze zur Erläuterung dieses Sachverhaltes das Bild eines Dietrichs. Das Problem ist in diesem Bild ein kompliziertes Schloss, welches die Klienten mit zur Verfügung stehenden Mitteln nicht öffnen können. Die Lösung liegt aber nicht im Schloss verborgen, sondern in der Verwendung eines passenden Schlüssels. Doch um das komplizierte Schloss zu öffnen, wird nicht ein ebenso komplizierter Schlüssel gebraucht, sondern es reicht ein Dietrich, welcher dieses Schloss und möglicherweise auch noch viele andere Schlösser öffnen kann. So kann das geschilderte Problem zwar komplex sein, seine Lösung aber sehr einfach und überschaubar (Middendorf, 2018, S. 4). Der Ansatz geht davon aus, dass der Klient bereits über lösungsrelevante Ressourcen verfügt, die durch ein Beratungsgespräch aktiviert werden. Dabei geht es darum, den Klient mit seinem gesamten Handlungspotential in Kontakt zu bringen, von denen er bisher keinen

Gebrauch gemacht hat. Auf diese Weise wird vermittelt, geeignete Problemlösestrategien zu entwickelt und selbst einen Lösungsweg zu finden. Nur der Klient allein kann seine wünschenswerte Zukunft konstruieren. Die Beratung bietet neue Denkanstöße, da sich eher auf die Potenziale als auf die Schwächen und Probleme des Klienten fokussiert wird. Wichtig sind nicht die Ursachen des Problems, sondern jene Aspekte, an denen für den Klienten erkenntlich wird, dass das Problem gelöst ist. Mit diesem Blick wird nach einem Lösungsweg gesucht. Lösungen werden verstanden als Veränderung eines Teils eines Systems, also Veränderungen von Wahrnehmungen, Gedanken, Gefühlen, Verhaltensmustern, etc. (Bamberg, 2005). Der lösungsorientierte Berater hilft, die eigene wünschenswerte Zukunft sowie die eigenen Ressourcen zu entdecken, um dieses Ziel zu erreichen. Er bedient sich dabei an den in Tab. 2 dargestellten Prinzipien. Oft reichen schon kleine Veränderungen aus, damit eine größere Veränderung auf den gewünschten Weg gebracht wird (Middendorf, 2018, S. 5).

Aktivierung von Ressourcen	Bei diesem Ansatz der positiven Konnotation geht es nicht darum, Probleme zu „beschönigen", sondern es sollen positive Rückkopplungseffekte erzeugt werden. Dies erfolgt dadurch, dass man den Patienten auf die positiven Dinge aufmerksam macht, die er bereits tut. Für dieses Verhalten werden zugrunde liegende Kompetenzen herausgestellt und dem Patient bewusst gemacht.
Generieren von Lösungen	Die Beratung konzentriert sich auf die Lösung und nicht auf eine Problemanalyse. Lösungen verändern Teilsysteme innerhalb eines Gesamtsystems und somit auch die Handlungsweise des Patienten.
Lösen prioritärer Probleme	In der lösungsorientierten Beratung werden nur die Probleme gelöst, die offensichtlich und prioritär sind und die der Patient auch lösen möchte. Verdeckte oder potenzielle Probleme bleiben außen vor.

Aktivierung alternativer Verhaltensmöglichkeiten	Menschen neigen dazu, aus einem zur Verfügung stehenden Repertoire nur bestimmte Verhaltensweisen zur Problemlösung zu nutzen. Die beratende Pflegekraft verfolgt das Ziel, dem Patienten alternative Verhaltensstrategien aufzuzeigen, um damit die Handlungsoptionen zu erweitern.

Tab. 2: Prinzipien lösungsorientierter Beratung

(Quelle: von Reibnitz, Sonntag & Strackbein, 2017, S. 21 nach von Reibnitz, 2011)

Die Lösungsorientierte Gesprächsführung ist ein Ansatz, der aus der Praxis entstanden ist und sich in stetiger Auseinandersetzung mit Klienten, Therapeuten und Beratern weiterentwickelt hat. Trotz teilweise ähnlicher Grundannahmen gibt es kein theoretisches, geschlossenes Gesamtkonzept, welches den Interventionen und Prozesses des lösungsorientierten Ansatzes vorausgeht. Daher findet sich in unterschiedlichen Schriften auch immer wieder unterschiedliche Aspekte, die als Grundannahmen des Ansatzes beschrieben werden (Middendorf, 2018, S. 6). Zwei Grundsätze lassen sich allerdings wiederholt finden:

1. Wenn etwas funktioniert, aktiviere mehr solcher Verhaltensweisen

2. Wenn etwas nicht funktioniert, aktiviere alternative Verhaltensweisen

3.2. Drei Phasen des Beratungsprozesses

Ein Prozessmodell der Phasen des Beratungsprozesses erstellte Culley (2002) über eine systematische Beobachtung und Auswertung von

Beratungsprozessen. Sie arbeitet drei komplexe Phasen heraus, die sich sie schlicht als Anfangs-, Mittel- und Endphase bezeichnet. Die Phasen bauen aufeinander auf und sind zugleich ineinander verwoben. Jede Phase hat ihr eigenes Profil, eigene Funktionen und Ziele und beinhaltet jeweils eigene Strategien und Fertigkeiten, die das Beratungshandeln auf die Funktion der jeweiligen Phase ausrichten. Die Anfangsphase baut auf hermeneutisch-kommunikativen Kompetenzen auf. Die Mittelphase fokussiert die Erfassung, Wahrnehmung und Bewertung von Kognitionen und Gefühlen sowie die Vermittlung neuer Perspektiven auf die individuelle Lebenslage. In der Endphase werden vor allem Maßnahmen zur Veränderung bzw. Verbesserung der Problemlage eingesetzt und der Beratungsprozess evaluiert (Schubert, Rohr & Zwicker-Pelzer, 2019, S. 156). Auf diese drei Phasen des Modells soll nun der lösungsorientierte Beratungsansatz angewendet werden.

Die Anfangsphase. Diese Phase dient dem Aufbau einer tragfähigen, kooperativen Beziehung zwischen Berater und Klient und ist auf die Erfassung des Ausgangsproblems konzentriert (Schubert et al., 2019, S. 156-157). Wie bei jeder Form der Beratung gibt es auch in der lösungsorientierten Beratung ein eine „Synchronisation" von Berater und Klient. Es ist das einander Kennenlernen und die erste Orientierung. Wichtig ist der eine positive, vertrauensvolle und respektvolle Atmosphäre zu schaffen. Der Berater sollte dem Klienten Aufgeschlossenheit und Achtung entgegenbringen und bereit sein, geduldig zuzuhören und sich hineinzudenken (Ertelt & Schulz, 2019, S. 159). So kann sich der Klient kooperativ und engagiert auf die Beratung einlassen. Synchronisation geschieht auf drei Ebenen: der persönliche Ebene, der thematische Ebene und der Ebene bezüglich Art und Weise der Kooperation. Der Klient gibt also Auskunft darüber wer er ist, worum es geht und wie er sich die Kooperation vorstellt (Bamberg, 2005). Murphy (1997, S. 54) hat drei Typen der Berater-Klient-Beziehung zusammengefasst (Tab. 3). Das Verständnis des Klienten

Typus sowie daraus abgeleitete kooperativen Strategien sind sowohl für die Gesprächsbeziehung als auch für die spätere Zielerreichung essenziell.

Typus	Kennzeichnung	Kooperative Strategien
Typ „Besucher"	Nimmt ein Problem nicht wahr oder betrachtet es als jemanden anderen betreffend. Kommt unter Zwang in die Beratung, Engagiert sich nicht bei der Lösung des Problems.	• Vermeidung aktionsorientierter Vorschläge an den Klienten. • Anerkennung des Standpunktes des Klienten. • Lob für positive Aspekte seiner Darstellung oder Standpunkte • Neudefinition des Problems und der Ziele, sodass diese für den Klienten attraktiver und wichtiger erscheinen • Einbeziehung auch außerschulischer oder außerberuflicher Interessen und Hobbys.
„Klage-Typ"	Erkennt das Problem und seine Bedeutung an, doch ist kaum bereit, wesentlich zur Lösung beizutragen. Sieht sich selbst als „unbeteiligten Zuschauer", der eher hilflos ist, das Problem zu ändern. Sieht die Verantwortung für die Problemlösung bei anderen.	• Vermeidung aktionsreicher Vorschläge • Zuhören und Loben • Anbieten neuer Fragestellungen und Perspektiven („reframe") • Den Klienten als Problemlöser gewinnen und Brainstorming für mögliche Lösungen mit ihm durchführen • Übertragen von Aufgaben der Beobachtung, des Nachdenkens, der Prognose
Typ „Kunde"	Anerkennt das Problem und seine Bedeutung, ist bereit, aktiv zur Problemlösung	• Vorschlag handlungsbezogener Aufgaben

beizutragen und wünscht die Einbeziehung.	• Klärung und Nutzbarmachung von Ideen des Klienten zur Problemlösung • Regelmäßige Kommunikation über Fortschritte bei der Problemlösung und weitere Maßnahmen zur aktiven Beteiligung am Problemlösungsprozess.

Tab. 3: Berater-Klient-Beziehungen und kooperative Strategien

(Quelle: Eigene Darstellung nach Ertelt & Schulz, 2019, S. 161-162)

Zur Anfangsphase gehört ebenso der Aufbau einer Lösungsvision. Im Gegensatz zur vielen anderen Ansätzen, bei denen nun eine Anamnese, Diagnose oder Problemanalyse stehen würde, fokussiert die lösungsorientierte Beratung von Anfang an die Zieldefinition und dessen Kriterien. Die frühe Formulierung spezifischer Ziele im Beratungsgespräch hilft sowohl Beratern als auch Klienten zielgerichtet vorzugehen und bietet Kriterien für die Evaluation der Wirksamkeit jeglicher Interventionen. Dafür muss das Ziel konkret, attraktiv und relevant sein. Lösungsorientierte Berater setzen Ziele im Zusammenwirken mit ihren Klienten. Dabei steuern die Berater den Prozess des gemeinsamen Herausarbeitens neuer Realitäten für die Klienten (Ertelt & Schulz, 2019, S. 162). Peller und Walter (1992, S. 125) stellen ein nützliches Schema zur Entwicklung lösungsorientierter Ziele vor (Abb. 3).

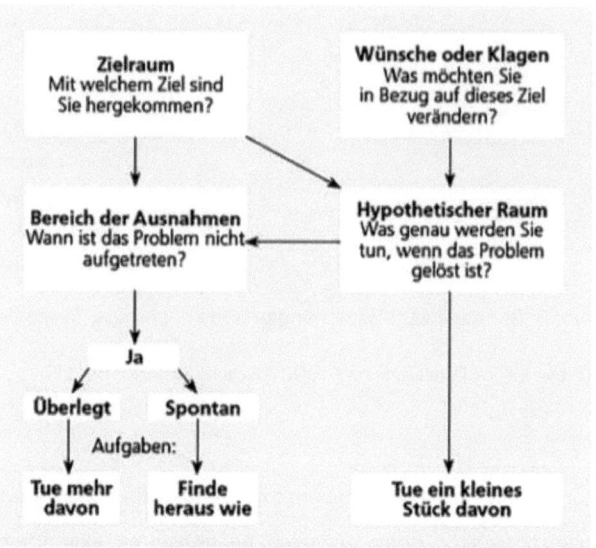

Abb. 3: Entwicklung von Zielen in der lösungsorientierten Beratung

(Quelle: Peller & Walter, 1992, S. 125)

Die Mittelphase. Kern der Mittelphase im Beratungsprozess ist der Versuch, Klienten zu helfen ihre Anliegen und Probleme neu zu ordnen und neu zu bewerten. Ohne neue und differente Sichtweisen auf sich selbst und auf ihre Anliegen ist eine Veränderung und Verbesserung der Lage dieser Klienten unwahrscheinlich (Culley, 2002, S. 19). Ziel dieser Phase ist neben einer Neubewertung von Problemen zudem die Aufrechterhaltung der Arbeitsbeziehung (Schubert et al., 2019, S. 158). Lösungsorientierte Berater möchten, dass ihre Klienten sich auf die Gegenwart und Zukunft konzentrieren, wo Veränderungsmöglichkeiten bestehen und nicht in der Vergangenheit verweilen. Die Fokussierung der Verhaltensweisen des Klienten und neuer Lösungsansätze stehen im Vordergrund und nicht das Problem. Dabei werden Fragen eingesetzt, die sich auf Stärken, Potenziale und Fähigkeiten des Klienten beziehen. Schlüsselfragen des Lösens sind in Tab. 4 zu finden.

Schlüsselfrage	Beispiel
Ausnahmen	Gibt es auch Zeiten, in denen das Problem weniger stark oder vielleicht sogar überhaupt nicht auftritt?
Hypothetische Lösungen	Was wäre im Verhalten des Klienten anders, wenn das Problem durch ein Wunder plötzlich gelöst wäre?
Umwandlung von Bedeutung	Gibt es auch irgendwelche positiven Aspekte dadurch, dass dieses Problem existiert?
Universallösung	Gibt es etwas, irgendwas, das der Klient in seinem Verhalten verändern könnte?
Universallösung 2. Ordnung	Gibt es etwas, das der Berater in seinem Verhalten gegenüber dem Klienten ändern könnte?

Tab. 4: Schlüsselfragen des Lösens und Beispiele

(Quelle: Eigene Darstellung nach Bamberg, 2005)

Zur Mittelphase gehört auch die Entwicklung lösungsbezogener Interventionen, eine „Lösungsverschreibung". Es werden geeignete Interventionen entworfen und Lösungsvorschläge kommuniziert. Hier geht es darum, den Klienten zu verhelfen, sich emotional und kognitiv auf einen Lösungsweg einzulassen (Bamberg, 2005). Viele lösungsorientierte Berater legen eine kurze Pause von fünf bis zehn Minuten ein bevor Berater ein Schlaglicht auf wichtige Aspekte des Gesprächs werfen, Lob spenden, neue Bezugssysteme herstellen oder eine Weisung bzw. Aufgabe geben. Diese Denkpause versetzt Klienten in eine aufnahmebereite Stimmung (Ertelt & Schulz, 2019, S. 168-169). Ressourcen können durch Komplimente aktiviert werden. Indem der Berater, die vom Klienten bislang gezeigten Lösungsaktivitäten aufgreift und positiv hervorhebt, wird der Klient zu einer aktiven Veränderung seiner Handlung motiviert. Eine essenzielle Methode der lösungsorientierten Methode ist die Vergabe von „Hausaufgaben" zwischen Beratungssitzungen. Diese beinhalten Lösungsvorschläge in Form von konkrete Verhaltensweisen und sollten so einfach und sparsam wie möglich formuliert sein. Aufgaben könnten sein: Nachdenken, Beobachten, Vorhersagen, So-tun-als-ob und Zielorientiertes Handeln (Bamberg, 2005). Am Ende dieser Beratungsphase steht die Sicherung der Handlungsplanung. Webb (1999, S. 214) schlägt vor, am Ende der Sitzung die Inhalte in eigenen Worten zusammenzufassen und so beim Klienten neue Lösungsideen einzupflanzen. Ein letztes Kompliment unterstreicht nochmals sowohl die konstruktive Kooperationsbereitschaft des Klienten als auch die Wichtigkeit der vereinbarten Ziele und Handlungen (Bamberg, 2005).

Die Endphase. In der Endphase werden die als wirksam erkannten Handlungen durch den Klienten geplant und ausgeführt. Ein weiterer Akzent liegt auf der planvollen Beendigung der Beratungsbeziehung. Ziele sind hier einen angemessenen Wandel vorzubereiten, Veränderungen auszuführen, das Gelernte und die neuen Einsichten in die Lebenswelt zu übertragen und die Beraterbeziehung zu beenden (Schubert et al., 2019, S. 159-160). Die Lösungsevaluation und Lösungssicherung stehen hier im Vordergrund. Nach Beenden des Gesprächs kann zudem eine nachgehende Betreuung auf verschiedenen Kommunikationswegen, im Sinne einer Lösungsbegleitung, angeboten werden. Diese Mitteilungen können der Vertiefung, Bestätigung weiterer Informationen oder auch der Richtigstellung dienen. Die Evaluation dient der Feststellung von Verbesserung und der Analyse möglicher Hindernisse und Ressourcen-Engpässe seitens des Klienten. Dabei soll auf wertschätzende Weise bewertet werden, was sich in der direkten oder indirekten Folge der Beratung bezüglich des Ziels verändert hat. Die Lösungssicherung erfolgt am Ende der

Beratung. Hierbei geht es um die Vorbereitung auf die Zeit nach den aktiven Beratungsphasen (Bamberg, 2005).

| Lösungsinitialisierung | Lösungsrealisierung | Lösungsetablierung |

Abb. 4: Drei Schritte des lösungsorientierten Beratungsprozesses

(Quelle: Ertelt & Schulz, 2019, S. 178)

Zusammenfassend lassen sich drei Phasen der lösungsorientierten Beratungsprozesses herausfiltern (Abb. 3). In der Anfangsphase „Lösungsinitialisierung" wird eine Lösung initiiert, indem eine Zieldefinition vorgenommen und eine tragfähige Arbeitsbeziehung aufgebaut wird. In der Mittelphase „Lösungsrealisierung" wird mit verschiedenen Methoden auf eine Lösung für den Klienten hingearbeitet. In der Endphase „Lösungsetablierung" werden dann die neu erworbenen Lösungswege und -strategien reflektiert und gesichert.

4. Literaturverzeichnis

Abel, T. & Bruhin, E. (2003). Health Literacy/ Wissensbasierte Gesundheits-kompetenz. In: B. f. g. Aufklärung (Hrsg.), Leitbegriffe der Gesundheitsförde-rung, S. 128-131. Schwabenstein a. d. Selz: Peter Sabo

Anderson, R. M. & Feste, C. (1995). Empowerment: From philosophy to prac-tice. Patient Education and Counseling, 26, S. 139-144.

Bamberger, G. (2005). Lösungsorientierte Beratung. Praxishandbuch (3. Auf-lage). Weinheim: Beltz

Brandes, S. & Reker, N. (2009). Empowerment systematisch entwickeln. Ein Hilfsmittel für qualitätsorientierte Teamprozesse. Info-Dienst für Gesundheits-förderung, 1, S. 7-8

Brandes, S. & Stark, W. (2018). Empowerment/Befähigung. In: Leitbegriffe der Gesundheitsförderung. Glossar zu Konzepten, Strategien und Methoden. Bundeszentrale für gesundheitliche Aufklärung. https://doi.org/10.17623/BZGA:224-E-Bbook-2018

Bundeszentrale für gesundheitliche Aufklärung (2009). Gute Praxis konk-ret: Empowerment bei Kindern und Jugendlichen. Verfügbar unter: https://www.gesundheitliche-chancengleichheit.de/gesundheitsfoerderung-bei-kindern-und-jugendlichen/gute-praxis/empowerment [Abgerufen am 12.01.2022].

Culley, S. (2002). Beratung als Prozess. Lehrbuch kommunikativer Fertigkei-ten. Weinheim: Beltz.

De Shazer, S. (2003). Wege der erfolgreichen Kurztherapie (8. Auflage). Stutt-gart: Klett-Cotta (Originalausgabe 1985, Keys to Solution in Brief Therapy, New York: W. W. Norton & Company)

Domsch, H. & Lohaus, A. (2009). Gesundheitsberatung. In: Warschburger, P. (Hrsg.) Beratungspsychologie. Berlin, Heidelberg: Springer. https://doi.org/10.1007/978-3-540-79044-0_7

Ellis, A. (1973). Die rational-emotive Therapie. Das innere Selbstgespräch bei seelischen Problemen und seine Veränderung. München: Pfeiffer

Ertelt, B.J. & Schulz, W. (2019). Lösungsorientierte Beratung. In: Handbuch Beratungskompetenz. Wiesbaden: Springer Gabler. https://doi.org/10.1007/978-3-658-24157-5_4

Fröhlich-Gildhoff, K., & Rönnau-Böse, M. (2019). Resilienz (5. Auflage). München: Ernst Reinhardt/UTB.

Hanisch C. (2020). Gesprächsführung und sokratischer Dialog. In: Döpfner M., Hautzinger M., Linden M. (Hrsg.) Verhaltenstherapiemanual: Kinder und Jugendliche. Psychotherapie: Praxis. Berlin, Heidelberg: Springer. https://doi.org/10.1007/978-3-662-58980-9_28

Hellwig C. (2020). Personzentriert-Integratives Coaching. In: Personzentriert-integrative Gesprächsführung im Coaching. Wiesbaden: Springer. https://doi.org/10.1007/978-3-658-29118-1_5

Hoppe, G.K. (2012) Empowerment. In: Selbstkonzept und Empowerment bei Menschen mit geistiger Behinderung. Gender and Diversity, 6. Herbolzheim: Centaurus Verlag & Media. https://doi.org/10.1007/978-3-86226-954-9_11

Kraschl, C., Drewes, J. & Kleiber, D. (2010). Empowerment als Strategie in der HIV-Prävention. In: J. Drewes & H. Sweers (Hrsg.) Strukturelle Prävention und Gesundheitsförderung im Kontext von HIV, 57, S. 151-169.

Lazarus, R. & Folkman, S. (1984): Stress, appraisal and coping. New York: Penguin.

Lindacher, V. (2016). Evaluation von Empowerment in der Gesundheitsförderung: Entwicklung von Kriterien methodischer Qualität auf Basis einer systematischen Übersichtsarbeit und einer Analyse des Empowerment-Projekts „GENIESSER Oberpfalz". Dissertation. Universität Regensburg.

Lutschewitz C. (2020) Der Sokratische Dialog. In: Philosophie im Leadership. essentials. Wiesbaden: Springer Gabler. https://doi.org/10.1007/978-3-658-32146-8_6

Middendorf, J. (2018). Lösungsorientiertes Coaching. Wiesbaden: Springer essentials. https://doi.org/10.1007/978-3-658-19196-2_1

Peller, J. L. & Walter, J. E. (1992). Becoming solution-focused in brief therapy. New York: Brunner/Mazel.

Reichardt, C. & Gastmeier, P. (2013). „Patient Empowerment". Wie viel können Patienten zu einer verbesserten Compliance des Personals beitragen? Krankenhaushygiene up2date8, 06(03), S. 157-164. http://dx.doi.org/10.1055/s-0033-1344688

Rolfe M. (2019) Individuelle Resilienz: Wie Menschen lebendig, gelassen und stark bleiben. In: Positive Psychologie und organisationale Resilienz. Positive Psychologie kompakt. Springer, Berlin, Heidelberg. https://doi.org/10.1007/978-3-662-55758-7_4

Rothgangel, S., Schüler, J. & Dietz, F. (2010). Kurzlehrbuch Medizinische Psychologie und Soziologie (2. Auflage). Stuttgart: Georg Thieme.

Schubert, F.C., Rohr, D. & Zwicker-Pelzer, R. (2019). Beratungsansätze. In: Beratung. Basiswissen Psychologie. Wiesbaden: Springer. https://doi.org/10.1007/978-3-658-20844-8_4

Skinner, T. C. & Cradock, S. (2000). Empowerment: What about the evidence? Practical Diabetes International, 17, S. 91-95.

Stavemann, H. (2007). Sokratische Gesprächsführung in Therapie und Beratung (2. Auflage). Weinheim: Beltz.

Stavemann H.H. (2022). Sokratische Gesprächsführung. In: Linden M., Hautzinger M. (Hrsg.) Verhaltenstherapiemanual – Erwachsene. Psychotherapie: Praxis. Berlin, Heidelberg: Springer. https://doi.org/10.1007/978-3-662-62298-8_39

von Reibnitz, C. (2011). Kommunikation und Beratung von Betroffenen und Angehörigen. In: Burgheim W (Hrsg.) Qualifizierte Begleitung von Sterbenden und Trauernden, Band 1, 323, S. 1–27. Merching: Verlag Forum Gesundheitsmedien

von Reibnitz C., Sonntag K., Strackbein D. (2017). Der Beratungsprozess. In: von Reibnitz C., Sonntag K., Strackbein D. (Hrsg.) Patientenorientierte Beratung in der Pflege. Berlin, Heidelberg: Springer. https://doi.org/10.1007/978-3-662-53028-3_6

Webb, W. (1999). Solutioning: Solution-focused interventions for counsellors. Philadelphia: Accelerated Development.

World Health Organization (1978). Declaration of Alma Ata (International Conference on Primary Health Care). WHO Europe, Copenhagen.

World Health Organization (1986). Ottawa Charta for Health Promotion. WHO Europe, Copenhagen.